MW01536727

Made in the USA
Las Vegas, NV
01 March 2025

18912907R00075